DU

PARTI LÉGITIMISTE

AVANT ET APRÈS

LA RÉVOLUTION DE FÉVRIER

PAR

ALFRED DE MONTGUERS

Incedimus per ignes
Suppositos cineri doloso.

PARIS

DE L'IMPRIMERIE DE CRAPELET

RUE DE VAUGIRARD, 9

1850

DU

PARTI LÉGITIMISTE

AVANT ET APRÈS

LA RÉVOLUTION DE FÉVRIER.

Incedimus per ignes
Suppositos cineri doloso.

Avoir à dire ce qu'on croit être la vérité à un parti objet de vos convictions, de vos espérances, de vos sympathies, est un devoir qu'on ne remplit qu'avec peine et hésitation. Le peu d'autorité du nom et de la parole augmente nos incertitudes, et nous avons besoin, je l'avouerai, d'une ardente conviction pour vaincre notre modestie et forcer notre courage. — Ah! si l'orage ne grondait pas sur nos têtes, si l'abîme n'était pas ouvert sous nos pieds, si tout ce qui a fait de la France la première nation du monde civilisé ne devait pas périr dans le cataclysme de l'effroyable révolution qui se prépare, nous jetterions au loin cette plume prise en tremblant et la mort dans le cœur. Cette secrète satisfaction, réservée à l'accomplissement d'un devoir, nous est même refusée, tant sont profonds notre désespoir et notre découragement. Le plus triste des spectacles, le plus rempli d'amertumes et d'angoisses, est d'assister à la décadence d'une société rongée au cœur par l'égoïsme, l'indifférence, le scepticisme, ayant perdu tout respect du passé, toute croyance dans l'avenir, et se laissant aller à la dérive sur des mers inconnues comme un navire abandonné de Dieu et des hommes.

Alea jacta est.

Depuis ce mot du poëte, nous vivons au jour le jour, endormis dans le repos matériel de quelques instants. Paris est tranquille, parce qu'un infatigable général veille sur la rébellion avec 100,000 hommes de garnison, et la France de 1850, heureuse de la hausse des fonds publics, est calme et rassurée, parce que ses préfets guerroient contre le socialisme en saisissant ses journaux. Étrange aveuglement dont les suites seront terribles, léthargie funeste dont le réveil sera peut-être la mort... L'ennemi n'est pas aux portes, il est dans nos murs. — Un savant soumettait dernièrement à l'Académie des sciences son singulier procédé de conservation contre le dangereux contact de la fonte en fusion : son doigt trempé dans l'éther lui permettait d'affronter innocemment la lave sortant des fourneaux. Ainsi de nous aujourd'hui; ingénieux à inventer de pareils moyens de salut, nos hommes politiques ne s'aperçoivent pas qu'une fois l'éther volatilisé, le feu reprend toute l'énergie de son empire, creusant sur son passage un sillon dévastateur, dont rien ne pourra réparer les ruines.

A quoi peuvent servir d'ailleurs nos avertissements; toute semence n'a-t-elle pas son fruit, toute cause ses effets nécessaires et rigoureux?

Sublata causa, tollitur effectus.

Malheureusement on évite avec soin de remonter à la source

du mal, à cette source, mère du torrent sur lequel nous essayons, mais en vain, une navigation fatale dont le terme sera le naufrage.

Chaque parti semble obéir à un mot d'ordre commun à tous, dans ce mouvement désordonné des faits, des idées et des personnes. On serait unanime pour ce système de démolition qu'on ne s'entendrait pas mieux. Conservateurs de toutes nuances, républicains honnêtes de la veille ou du lendemain, bonapartistes, légitimistes des deux branches, chargés de diriger l'État et la société vers un but quelconque, ont adopté je ne sais quelle route buissonnière où l'on s'embourbe à qui mieux mieux. Véritable tour de Babel politique ; quand viendra le jour de la dispersion, bien peu se retrouveront sur le vrai chemin, beaucoup des meilleurs et des plus habiles seront égarés. — Je voudrais faire à chacun sa part de responsabilité, montrer combien sont stériles les efforts tentés, combien est aveugle le système suivi jusqu'à ce jour, mais comme un seul parti comporte avec lui une solution véritable, juste, légitime, capable de remédier aux maux du passé et de l'avenir, c'est à lui que je demanderai un compte plus circonstancié de ses actes, de son influence. Qu'il ne voie dans mes obscurs reproches qu'un sincère repentir de ses fautes. Il est plus que temps de l'éclairer sur ses erreurs.

De la révolution de Février, de ses conséquences funestes, de l'avenir cruel qu'elle nous préparait, devait résulter pour le parti légitimiste une attitude favorable au drapeau qu'il représente. C'était la confirmation éclatante de la sécurité de son principe, avantage immense dont un peu d'énergie, d'instinct et de courage pouvait tirer un véritable profit.

Pour la seconde fois depuis la fondation du gouvernement représentatif en France, une émeute victorieuse amenait le triomphe de la force et de la violence : La dynastie fondée elle-même sur l'illégalité, disparaissait sans rencontrer de la France sa complice la moindre protestation en sa faveur, laissant la place à une infime minorité, hostile au pays par son passé, plus hostile encore par l'esprit de désordre qui présidait aux actes de ses représentants. Les résultats ne se firent pas attendre, ils pèsent encore et pour longtemps sur notre malheureux pays.

On demandait une réforme : nous eûmes le suffrage universel ; on voulait de l'ordre dans les finances, la diminution des charges et de l'impôt : on nous donna les quarante-cinq centimes, l'accroissement de l'effectif de l'armée, la banqueroute des bons du trésor et des caisses d'épargne ; on se récriait avec force contre l'abus des influences : les pouvoirs illimités des commissaires nous donnèrent raison ; on prêchait le respect des lois : la fantaisie du Gouvernement provisoire les supprima en les remplaçant par ses décrets.

On accusait la politique extérieure de timidité à l'étranger : les insurrections de Vienne, Berlin, Naples, les tentatives de Risquons-tout et du duché de Bade prouvèrent à l'Europe que nous n'avions rien perdu de notre influence ; on disait la France corrompue, l'esprit de famille anéanti, les mœurs mauvaises, la misère partout, la fraternité, la charité, des mots vides de sens, l'égalité une lettre morte, la religion un manteau d'hypocrisie et de superstition : des théories criminelles et audacieuses écloses dans des cerveaux malsains et des cœurs coupables se hâtèrent de guérir toutes ces plaies. Plus de corruption, mais la satisfaction de toutes les jouissances ; plus d'esprit de famille, mais le communisme ; plus de mœurs mauvaises, mais les monstrueuses promiscuités du Phalanstère ; plus de misère, mais le partage de la propriété ; plus de fraternité, mais l'anéantissement complet de l'individualité humaine ; plus d'égalité, mais plus de gouvernement ; plus de religion, mais pour l'avenir le néant ou les métamorphoses de Fourrier. Ah! qu'un nouveau Tacite ne naisse jamais dans ce pays pour raconter aux races futures nos hontes, nos misères et surtout nos lâchetés. *Omnia serviliter pro . . . conservatione.*

Une fois engagé dans la route où l'avaient conduit l'aveuglement des gouvernants, la faiblesse et la pusillanimité des gouvernés, le pays pouvait en sortir par deux moyens, la force, et à défaut de celui-là l'élection de ses représentants. Quant au premier le cœur lui a manqué, non pas à lui, mais aux malheureux chargés de défendre la société. Une fois le courage disparu en haut, vous ne le retrouvez plus qu'en bas, et malheureusement ce courage-là est toujours contre vous. Ma témérité est grande, je le sais, d'accuser la nation la plus brave de manquer d'énergie dans les moments difficiles, de faiblir, elle la personnification de la bravoure guerrière, qui s'expose aux balles de la rue avec tant d'héroïsme, devant je ne sais quelle foule turbulente, triste écume de la société, toujours prête au désordre et à l'anarchie. Nous affrontons mille fois la mort du champ de bataille, mais nous hésitons même quand il s'agit du salut commun, d'être ou de ne pas être. Personne n'a jamais dit à ce peuple si spirituel, si aimable, le premier entre tous par son intelligence et ses heureuses qualités, qu'il apportait dans la gestion de ses affaires une ignorance et une incapacité sources de révolutions continuelles, de maux incalculables et souvent irréparables. Le bon droit, la force, le nombre, la moralité ne sont rien devant l'intrigue et le charlatanisme appuyés sur la violence. A l'autorité de la raison, de la justice, de la légalité nous ne savons pas nous soumettre, et nous courbons la tête sous les fourches caudines d'une odieuse terreur. Cet esprit de fronde et d'insoumission qui fait apitoyer les gens de la rue sur l'homme arrêté en flagrant délit, se retrouve dans nos salons et dans nos boudoirs, sous la blouse comme sous l'habit.

Attaquer, sans jamais soutenir, voilà le point saillant de notre caractère.

Ainsi l'humanité n'est pas seulement dans nos mœurs ; elle est dans notre essence. Le sang versé nous fait horreur et cependant nous avons les plus singuliers tempéraments à l'endroit de ces Catilinas de la rue, qui s'affranchissant des plus saintes lois de la morale, n'hésitent pas à descendre sur nos places publiques, un fusil à la main, pour assassiner nos soldats au nom de la fraternité. On appelle cela des crimes politiques, et tôt ou tard, ils peuvent compter sur l'apothéose. Après la victoire, la philanthropie est là avec ses ingénieuses mansuétudes.

Et cependant si jamais l'instinct du pays l'a sagement servi, c'est en lui conseillant la soumission à cet insolent triomphe des journées de Février. J'aurais voulu non pas cette soumission aveugle de la peur qui nous a tous précipités dans les bras des nouveaux pères de la patrie et les a proclamés les sauveurs de la France, mais un accord complet, unanime, énergique de la société, pour sortir de l'impasse fatale où l'avaient acculée forcément et la révolution de 1830 et celle de Février 1848. L'élection des représentants à la Constituante lui en fournissait les moyens légaux ; les actes, les tendances de ces héros d'estaminet et de carrefour, transformés en Washington et en Franklin, lui en faisaient le plus impérieux des devoirs. On sait de reste comment il a été rempli, et ce que nous devons d'actions de grâces et de reconnaissance aux premiers sénateurs républicains. Qui consentirait aujourd'hui à leur dresser des autels ? Que n'a-t-on pas fait pour presser leur retraite, après les avoir mis sur le pavois pour une triomphale entrée ? Bien peu n'ont pas eu à revenir de leurs illusions, et combien les regrets sont profonds et sincères !

Pour ma part, le spectacle des élections ne m'avait laissé aucun doute sur l'avenir. L'hésitation, l'incertitude, l'ignorance, l'entraînement non motivé des électeurs, leur abaissement devant l'arrogance, m'avaient inspiré un véritable dégoût et l'attitude étrange des partis l'augmentait. Il n'y avait rien à attendre quant au présent et tout à redouter des résultats. Dois-je avouer que la faction républicaine, par droits de conquête et de naissance, a non-seulement justifié mes prévisions mais qu'elle les a dépassées ? Avec tous les oripeaux du passé elle a composé une grossière friperie que n'auraient désavouée ni les émigrés de Coblentz ni les patriotes de 89. Faut-il reconnaître que je me suis réjoui outre mesure, de cette outrecuidance insensée, de cet orgueil vulgaire, de cette ignorance stupide, de cet abaissement systématique dans lesquels elle prenait plaisir à plonger son propre parti ? Il me semblait devoir en sortir une utile et terrible leçon dont la France allait profiter. Les audacieux usurpateurs de son gouvernement, de son crédit public ou privé, de son administration succombaient après avoir mis partout le désordre et la ruine. La succession avait été ouverte de force, il n'y avait qu'une voix pour attester l'inaptitude des héritiers à la recueillir.

Mais si du côté de la minorité républicaine, toutes les fautes ont été accumulées comme à plaisir, je cherche vainement les avantages qui auraient dû en revenir aux autres partis, je me trompe, au seul parti appelé à en profiter. Aussi je n'en trouve le parti légitimiste que plus coupable. C'est à mes yeux le principal, le seul auquel il nous faudra revenir tôt ou tard. Voyons sa position au moment de la lutte, voyons-la aujourd'hui, bientôt deux ans après.

De 1830 à 1848 le parti légitimiste a eu dix-huit ans pour faire son éducation politique, s'appliquer à l'étude du régime constitutionnel représentatif, profiter de l'immobilité funeste de ses adversaires, éclairer le pays sur ses véritables intérêts, prendre sa part de loyale influence, sans renier son drapeau, sans apostasie, là où l'élection lui permettait d'entrer, utiliser sa fortune dans des entreprises populaires ayant pour but l'amélioration', par le travail, des masses laborieuses, et devant le culte servile des intérêts matériels, relever fièrement les instincts généreux de la nation, se créer enfin une juste popularité, non de mauvais aloi ou de fâcheux renom, mais de justice, de raison, de loyauté et de nationalité. Un parti qui abrite sous son principe tutélaire l'ordre, la liberté et le progrès, force tôt ou tard à compter avec lui, et dans nos jours de malheur on se serait rappelé avec joie les efforts tentés et les services rendus. Tout avertissement désintéressé donné au pouvoir, toute protestation non équivoque en faveur des droits et des libertés méconnus, toute participation sans arrière-pensée aux gloires, aux revers et aux douleurs de ces dix-huit ans pèseraient d'un grand poids dans nos souvenirs, et de la reconnaissance à un sentiment plus vif, la distance n'est jamais infranchissable, surtout pour une nation comme la nôtre.

En a-t-il été ainsi? Le parti légitimiste peut-il revendiquer hautement le bénéfice de son indépendance et de son dévouement à la chose publique? L'affirmer serait mentir à la vérité et mal servir ses intérêts, compromis toujours par les mauvais serviteurs de cette cause.—Non, pendant ces dix-huit années, au lieu de grandir dans l'opinion publique, la force du principe s'est singulièrement amoindrie. Disons-le hardiment, si encore aujourd'hui le préjugé populaire entend par légitimité, despotisme, retour des priviléges, influence du parti-prêtre (je me sers des mots tels qu'ils sont employés dans le vocabulaire des différentes oppositions depuis 1815), abaissement de la France à l'étranger, la faute en est imputable seulement aux hommes ; c'est à eux de s'entendre sur les mots et de prouver que le contraire est la vérité. Mais par une opposition mesquine et tracassière dans les deux anciens parlements et dans les journaux, par une petite guerre de médisances et de calomnies, par l'insulte prodiguée aux chefs de la branche cadette, par des commérages de boudoir et de salon, par des discussions interminables sur le droit divin, on ne fait pas revenir des faux jugements et on ne force pas les sympathies. Les brouillons se sont acharnés à compromettre par leurs paroles les hommes sérieux et honnêtes qui se sont tenus à l'écart, les importants porteurs de chapelets et de médailles ont fait des embauchages de cabaret. Voilà les œuvres de dix-huit années de loisir. On laissait le pouvoir se déconsidérer, on contribuait à faire perdre le respect de l'autorité, on aidait à la démolition, sans prévoir qu'une fois l'édifice tombé et le moment de reconstruire venu, on ne trouverait partout que des ruines.

Ce ne sont là cependant que des fautes légères : nous tenons à une confession plus entière, à des vérités plus complètes. La surdité et l'aveuglement sont les pires des infirmités et les oreilles ni les yeux ne manquent pas. Malgré votre culte apparent pour le passé, je ne sais quel fatal courant d'incrédulité a amené dans vos rangs une tiédeur de zèle, bien loin de cette foi agissante des zélés néophytes. De fréquentes apostasies sans utilité ni profit pour le pays ont diminué le prestige du dévouement, et porté atteinte aux solides convictions ; privés du rôle honorifique, des honneurs, par une bouderie d'enfant gâté beaucoup ont déserté. On dirait pour certains hommes que la meilleure manière de servir son pays est d'avoir une part quelconque de cette ridicule gloriole qui entoure l'homme au pouvoir. On prend l'éclat d'un uniforme ou d'une position pour de la considération ! Pauvres Français ?

J'ai toujours cru que pour gagner une partie il fallait la jouer et j'ai le malheur de persister dans cette opinion. Avant tout la réussite dépend du grand jour et de la légalité des actes, de la soumission au pouvoir établi, du respect des lois. Détacher ensuite du principe ce qu'il a d'absolu et de rigoureux, le tempérer par l'esprit du temps, lui donner plus de force par l'élasticité, le montrer compatible avec les progrès inhérents à l'ordre, à la liberté, à la sécurité, sont des moyens accessoires qui aident aux principaux, et les Chambres, les charges électives, la presse, en fournissent, en permettent l'application constante. Tout le contraire a été fait sous la monarchie constitutionnelle. Qui a raison? — Je voudrais que ce ne fût pas moi.

Beaucoup se disent légitimistes et croient consciencieusement avoir rempli les devoirs imposés à cette opinion en répandant le bruit que le président de la République travaille pour eux, qu'il sera roi de Pologne, vice-roi d'Algérie, grand connétable de France, d'autres s'acquittent en ayant chez eux les portraits de la branche aînée, en lisant et achetant les brochures de M. d'Arlincourt, en faisant maigre le vendredi et le samedi. Loin de moi la pensée de méconnaître ce pieux respect et cette dernière mais si modeste preuve de dévouement, mais j'en ferais beaucoup plus de cas si je savais ces innocentes manifestations appuyées sur des gages plus sérieux. Les républicains ont fait de même, et nous savons où cela les a menés. Ils ont promené le bonnet rouge, ils ont rétabli de vieilles formules odieuses par les souvenirs qu'elles rappelaient, ils ont essayé une stupide comédie jouée il y a soixante ans avec les hideux comparses de la circonstance. — Ayons donc le vulgaire bon sens d'être de notre époque : *omnia fert ætas*. Consentirions-nous à sortir dans la rue avec l'habit de marquis, d'incroyable ou de volontaire royal de 1815? nous sommes aussi ridicules avec les idées fausses et les préjugés des siècles passés qui sont encore les vêtements de beaucoup d'intelligences et d'esprits.

J'ai dit très-imparfaitement combien avait été maladroite la conduite adoptée depuis la révolution de Juillet, j'ai maintenant besoin de termes tout autrement expressifs, pour qualifier les erreurs sans nombre, les fautes irrémédiables qui ont fait perdre à ce parti tout le terrain qu'il aurait si facilement gagné par une politique digne et ferme.

La révolution de Février surprend la société ; elle porte une atteinte mortelle aux espérances d'une partie du pays, montrant combien s'écroule facilement l'édifice qui pèche par la base. Dix-huit ans vous avez protesté par votre silence et votre retraite : un nouveau fait vous donne encore raison, et vous le saluez par d'immenses cris de joie, cris d'enfant gâté qui sort de tutelle. Vous ne voyez dans ce fait que la punition d'un usurpateur. C'est un prêté pour un rendu, suivant l'expression d'un honorable représentant. Eh bien, cet accueil fait à l'émeute victorieuse de 1848, est une absurdité des plus insensées. Vous tombez dans un piége grossier ; une fois pris, vous n'en pouvez plus sortir. Je m'attendais à mieux, je l'avoue.

Comment, vous avez, du 25 février aux élections, trois mois qui éclairent suffisamment la France sur le bonheur à espérer de la République ; et vous vous taisez! La tempête est partout, le désordre dans les esprits, le désespoir dans les cœurs. Cette malheureuse société, sans conviction aucune, prise du vertige des naufragés au moment où le navire sombre, cherche vainement une ancre de salut, et vous ne lui montrez pas le chemin! Les courages sont amollis et énervés ; on maudit tout bas et toutes les bouches crient : Vive la République! Une fois les liens de l'immense majorité du pays au gouvernement constitutionnel de la branche cadette rompus, cette société n'a d'autre but que de sauvegarder ses intérêts matériels : elle va de droite à gauche ; ses pas sont ceux de l'ivresse ou de la fièvre ; la raison ne la guide plus. Quel moment fut donc jamais plus favorable au drapeau de la légitimité? Hardiment et franchement planté sur le terrain de la légalité, il ramenait à lui toute cette multitude égarée, lui prêtant son concours de force et d'action. Tous ces regards, tournés à l'horizon, cherchaient avec anxiété le phare lumineux, préservateur du naufrage. Ils vous ont vus mêlant vos applaudissements à ceux des triomphateurs de la veille. Cruels moments d'angoisse, vous pouviez devenir des moments de joie et d'allégresse, avec un peu de courage et d'instinct. — Quoi, vous êtes la plus haute expression du parti de l'ordre, la consécration la plus légitime de la religion, de la propriété, de la famille, et vous craignez de déployer votre drapeau! Que dis-je? vous tendez les mains à une insurrection qui fait de la France une vaste ruine! — La condamner était votre devoir le plus impérieux, le plus nécessaire, celui qui servait le mieux vos intérêts. — Vous avez maudit la révolution de Juillet, vous avez refusé de reconnaître un gouvernement né d'une émeute qui a eu cependant quelque gloire (nous ne l'excusons pas), et de plein saut, vous sanctionnez de votre approbation un autre fait cent fois plus illégal, mille fois funeste dans ses résultats, et vous le faites quand tous les intérêts sont menacés, toutes les positions compromises, toutes les bases ébranlées! Convenez que vous avez fait de singuliers progrès en dix-huit ans; mais si c'est là le fruit de votre retraite, il est déplorable.

Les griefs augmentent une fois la Constituante réunie. C'est à qui s'avancera le premier pour acclamer la République sur le péristyle de ce fameux temple des représentants, qui ne sera ni l'agora d'Athènes, ni le forum; encore moins le sénat romain. La sanction est unanime, l'entraînement de la peur domine les courages et les consciences. Vous venez tous donner à la foule attentive cette utile leçon de votre humiliation. — Oui, peuple généreux, tu as bien fait une fois de plus de briser les liens de l'ordre et de la stabilité, tu as bien fait une fois de plus de te retirer sur le mont Aventin, de protester, par la violence et le fusil, contre la loi, contre le gouvernement

établi, contre la fortune publique, contre le travail qui te faisait vivre, contre la justice qui te protégeait, tu as bien fait,
et tes représentants t'en remercient.

Plaudite, plaudite cives.

Tu peux les compter : pas un n'y manque. Il y en a dont le
passé glorieux est toute une vie de combats pour la légalité ;
il y en a, si tu cherches bien, que leurs départements n'ont
nommés qu'à la condition d'une protestation, et ils sont
peut-être au premier rang à te serrer les mains. Tu aurais
honoré le courage de leur résistance. Quelle couronne leur dé-
cerneras-tu pour cet abandon volontaire de leurs convictions,
de leur passé, de leur avenir ? Que de cœurs ont saigné dans
ces jours néfastes ! Que d'illusions tombées ! Que d'espérances
évanouies !

On a cherché à mettre sur le compte d'un sentiment généreux cette approbation unanime. Pour ne pas réveiller de
vieilles haines, pour ne pas allumer la guerre civile, il fallait
agir comme on a agi. C'est là une étrange erreur qui a sa
source dans un sentiment moins noble. Il faudrait désespérer
à tout jamais du salut commun, si le sens moral était per-
verti à ce point, que la revendication du droit, au nom de la
société menacée, fût un brandon de guerre civile. Nous en
avons horreur ; elle est toujours le naufrage des libertés publiques.

S'armer les uns contre les autres du fusil pour le triomphe
de l'idée la plus juste et la plus réalisable, est un faux moyen,
qui n'a jamais préparé que d'amères déceptions à ses parti-
sans, malgré le facile triomphe du moment. Est-ce à dire qu'il
soit le seul en France ? Est-ce à dire que dans les moments
suprêmes où nous sommes, celui, qui, tout en respectant les
lois et la constitution, fera appel à tous les gens de cœur,

usera de tous les moyens légaux pour préparer le seul terrain sur lequel on puisse bâtir avec solidité, sera un mauvais citoyen? Non, je ne puis le croire encore. La tâche est difficile; elle exige une grande droiture, une immense énergie, de l'audace même. Qu'on ne se méprenne pas à ce mot; il n'a rien de criminel. Les coupables ont la leur; la vertu doit avoir la sienne. Les situations désespérées, comme celle d'aujourd'hui, n'ont jamais été sauvées par la modération. Elle n'existe nulle part; elle ne peut pas exister. Vos adversaires ne vous en savent aucun gré; ils l'attribuent à la peur, et leur attitude en devient plus hostile et plus insolente. On a beaucoup parlé de conciliation; on en parle tous les jours. Des hommes éminents, honnêtes, capables, ont essayé le noyau avant le fruit. S'ils n'ont pas réussi, la faute en est imputable à eux seuls. Puisque votre nom a de l'autorité, puisque vos services sont incontestables, puisque vos intentions sont généreuses, puisqu'il est impossible de vous soupçonner d'aucune pensée de conspiration et d'appel à la violence, profitez donc hardiment de ces avantages et dites nettement, franchement, sans arrière-pensée, l'abîme où nous marchons en persévérant dans cette voie funeste, comment on peut et on doit en sortir. Ne laissez pas de dangereuses espérances se consolider; évitez aux esprits enthousiastes les dangers des illusions perdues; donnez enfin aux indécis, aux timides, aux indifférents, les salutaires avertissements de l'avenir. Reconstruisez l'édifice, et montrez que si le milieu, le faîte, ses différentes parties peuvent et doivent se modifier avec le temps, la base doit en être inébranlable. Pas de termes ambigus ni équivoques. Vous aurez au moins le mérite de bien préciser les positions de chacun. Quand on sera avec vous, on saura ce qu'on veut, où est le but, et on ne demandera pas mieux d'y marcher. Que ce soit votre seule opposition. Comme on est en train d'essayer un autre système déjà bien usé, si je ne me trompe, malgré sa récente application, l'épreuve ne sera pas longue et vous recueillerez la meilleure part avec la récompense de vos efforts. En dehors de cette voie, tout pas que vous croyez faire vers la conciliation ne mène qu'à la division. L'expérience ne vous l'a-t-elle pas suffisamment démontré ? L'avenir est-il meilleur ? Voit-on plus clair à l'horizon ? Le désordre des esprits et des idées a-t-il cessé ? Qui avez-vous concilié, soutenu, ramené, fortifié ? Que me font, à moi, vos secrètes indépendances de cœur, vos sympathies cachées, vos discrètes espérances ? Je vous tiens pour considérables ; j'avoue que vous pesez d'un grand poids dans nos destinées, que vous avez pour vous l'expérience contre l'incapacité, le passé contre le présent, les lumières contre les ténèbres, l'influence de l'honnêteté, de la fortune et des services rendus, contre celle de la folie, des mauvaises passions et de la misère ; eh bien ! malgré tant d'excellentes conditions, les résultats sont déplorables. Je vous le répète, on ne sait pas ce que vous voulez ; et d'ailleurs, en acceptant l'héritage politique du 24 février, vous avez perdu votre prestige et votre force. Républicain, je n'aurais jamais voulu devoir le triomphe de ma cause à une insurrection ; je ne me serais pas cru engagé par les actes des triomphateurs victorieux. Vous qui ne l'étiez pas hier, qui ne l'êtes pas aujourd'hui, qui ne le serez jamais, vous avez mis un peu trop d'empressement à recueillir une telle succession.

Plus l'état des choses et des esprits, après la révolution de Février, rendait la situation difficile, plus il fallait redoubler de zèle pour essayer, sinon le retour immédiat dans la bonne voie, ce n'était plus possible, mais au moins la résistance légale au torrent qui menaçait de tout engloutir. Retardé par une opposition vigoureuse dont le but était le salut du pays, il perdait une partie de ses forces ; comprimé par une attitude énergique hostile seulement aux mauvaises passions, il n'entraînait plus avec lui que cette fange infime dont le grossier mélange donne souvent à la partie saine une séve nouvelle. Il y avait de rudes combats à livrer contre ce débordement de folies, contre le déchaînement de ces colères aveugles qui voulaient des hécatombes sanglantes sur l'autel de la liberté et de la fraternité. Les âmes vigoureuses et bien trempées, les convictions ardentes, les vifs désirs, grandissent toujours dans la lutte; elle n'est mortelle qu'aux indifférents et aux poltrons. — N'est-ce donc pas le plus glorieux des devoirs que cette courageuse défense des intérêts les plus sacrés? N'est-ce donc pas la plus brillante des victoires qu'elle ne tente ni les soldats ni les capitaines? Quoi? des milliers d'enfants de cette terre chérie, la première en renom d'héroïsme, partent tous les jours de la chaumière, de la maison et du palais, et se font tuer pour un morceau de soie aux trois couleurs, où est inscrit le nom sacré de la patrie, et pas un des plus obscurs ou des plus illustres n'a osé dire à cette tribune qui n'eût jamais enregistré de si utiles paroles: — « Peuple! Tous les fauteurs de révolution te trompent. Leurs promesses sont des mensonges; leurs flatteries des lâchetés. Tu n'as rien à gagner avec les barricades. C'est un odieux outrage à la sainteté des droits pour lesquels tu combats, et cet outrage, tu le payeras toi-même bientôt de ton sang, de ta ruine, de ta misère.

« Nunc et pauperiem pati et duros perferre labores.

« Tu renies ton passé, tu insultes tes gloires, tu crois te débarrasser des corrompus et des intrigants; regarde, regarde ce que tu as mis à la place. Voilà plus de trente ans de paix écoulés, ose dire que ce sont trente ans d'oppression et de servitude. Ose dire que tu n'as pas grandi, que ton épargne ne s'est pas accrue, ton bien-être augmenté, ton instruction développée. Ose dire que ton travail n'était pas soutenu, sanctifié, qu'il ne t'enrichissait pas, que ta liberté n'était pas protégée ; ose le dire, et regarde, regarde ce qu'on a fait de ton bien-être, de tes épargnes, de ton instruction, de tes libertés, de ton travail. »

Pas un n'a tenté contre les préjugés, contre l'erreur, contre les mauvaises passions, cette guerre ouverte qui eût enfanté des milliers de soldats. — On a préféré les taquineries d'écolier, les combats à coups d'épingles dont les blessures irritent les esprits, froissent les amours-propres et suscitent de cruelles représailles. On a son honneur engagé à l'exécution d'un contrat léonin, sans la moindre réserve pour l'avenir, et l'on ne sait pas se servir du seul moyen d'habileté en politique comme en toute chose, la franchise. Nos ardents révolutionnaires de la montagne et du socialisme nous donnent cependant un bon exemple à suivre ; ils ne cachent rien de leurs desseins, et ils ne s'en trouvent pas plus mal. Avec un plan de campagne connu de tous, ils se font des adhérents nombreux, et nous contribuons à leur prochaine victoire..

Di tale omen avertant !

Du côté des moyens mes inquiétudes sont aussi fortes. La majorité est à peu près d'accord pour ne pas aimer la République, pour trouver ce régime détestable, incapable de produire le bien même avec les meilleurs intentions, pour en obtenir la révision la plus prochaine et la plus légale ; mais comme on ne lui a jamais dit ce qu'on fera le lendemain, toutes ses défiances subsistent. Elle marcherait volontiers au but, mais elle voudrait le voir entouré de garanties palpables et évidentes. Pour qu'elle fasse le sacrifice de ses antipathies, de ses préjugés, de ses haines, il faudra, je le répète, une entière franchise, et jusqu'à présent personne ne l'a eue. Une grande portion du pays craint le retour de la légitimité, elle croit y voir le cortége inséparable des nobles et des prêtres. Je dis là assurément une chose fort sotte, très-ridicule, très-éloignée de tout esprit tant soit peu sensé et éclairé, mais elle a son importance, puisque c'est un fait. Elle est très-répandue à la ville et à la campagne. Cette nombreuse classe du pays habituée par son passé à prendre sa part des affaires politiques, se détournant très-volontiers de son comptoir, de sa boutique, de son négoce, de son industrie, de sa ferme, de son modeste foyer, pour discuter le soir sur la politique extérieure et intérieure, toujours pour faire de l'opposition, a été élevée dans la haine de ce principe, et dans l'amour de ce mot si vague, si confus, si bizarrement explicable et expliqué, qu'on appelle le libéralisme ; elle est la plus difficile à revenir. Lente à se passionner, il a fallu la secousse de Février pour lui ouvrir les yeux. Si la République la fait frissonner, la légitimité l'inquiète, la trouble et froisse son amour-propre. Elle se voit dépossédée de ses droits, de ses prérogatives, de son influence d'autorité ou d'argent, du rang conquis si laborieusement après tant de siècles. Marcher sous cette nouvelle bannière est essentiellement contraire à sa manière d'être, d'agir, de penser et de voir.

Timeo Danaos et dona ferentes.

Quel est cependant le membre de cette portion du pays qui vous aurait refusé son concours, son appui, si cette conviction avait pu passer dans son esprit, à savoir : que se réunir à la légitimité c'était consacrer une fois de plus toutes les libertés, tous les progrès, toutes les gloires, c'était leur donner un sanctuaire inviolable ; c'était retremper le principe d'autorité, de gouvernement dans sa véritable source, et devant l'éminent péril du naufrage prochain, assurer le port où venait s'abriter à tout jamais après tant d'écueils le vaisseau de la société? — Non, non, nous ne voulons plus d'entraves à la liberté de penser, mais la soumission aux lois ; nous ne voulons plus d'atteinte à la liberté de conscience, mais assurer le respect de la religion ; nous ne voulons plus de distinctions de castes, mais nous donnerons la plus belle place aux aristocraties de l'intelligence, du travail et de l'honneur. Non, le drapeau de la monarchie légitime n'a pas eu seul sa splendeur glorieuse ; elle resplendit d'un aussi vif éclat sur d'autres couleurs et nous en sommes fiers, qu'il ait brillé à Fontenoy, à Fleurus, à Marengo, à Austerlitz, à Alger, à Anvers, ou enfin sur les remparts de Zaatcha. — Non, nous ne voulons plus du cortége des nobles et des prêtres (style révolutionnaire), mais nous honorerons ce qui est toujours noble et religieux, la probité et la charité. Nous ne voulons plus de priviléges, mais nous n'abaisserons personne. S'appeler Montmorency est une gloire qui oblige, être un artisan honnête et laborieux, une vertu : toutes deux méritent la reconnaissance du pays.

Ce langage n'a pas été tenu. Les paroles et les actes des principaux organes de la légitimité n'ont pas pu inspirer cette confiance salutaire qui permet de se reposer du présent en regardant l'horizon. Tantôt par le concours prêté aux vues du gouvernement républicain sur la politique extérieure, tantôt par l'appui donné à des lois de restriction et d'exclusion, on se traînait dans les ornières du passé sans avancer d'un pas. Le prétexte de l'union contre le socialisme est un piége grossier. dont il est fort difficile de sortir les mains nettes. Je ne sais pas d'ailleurs si le socialisme y a gagné, mais je sais que vous y avez singulièrement perdu. Il serait téméraire de supposer que vous eussiez empêché la Constitution d'être ce qu'elle est, malgré les protestations permises ; le courant était trop rapide ; mais une fois sa force épuisée, la France plus libre dans son examen, revenue à elle, pesant d'un côté la conduite des républicains, leurs fautes innombrables, de l'autre les efforts généreux tentés pour la sauver dans l'avenir, eût embrassé avec enthousiasme une cause dont les défenseurs ont eux-mêmes compromis la légitimité. Il était si facile, en présence du désordre, de l'anarchie, de montrer comment on doit entendre le pouvoir, son organisation, la pondération de ses instincts aristocratique et démocratique, forces toujours vivaces, l'ordre, le progrès, la politique extérieure et intérieure, la bonne administration des deniers publics, les améliorations, les soulagements de la misère et du travail ; il n'y avait qu'à dire et à faire le contraire de ce qui se faisait et se disait tous les jours.

En attendant, les mauvaises doctrines ont creusé sans relâche leur mine souterraine. Faire le mal plus grand est aussi coupable que de le cacher. Déplacé dans certains milieux, diminué dans d'autres, ses progrès sont immenses là où on ne pouvait soupçonner qu'il pût parvenir. Par un singulier revirement les masses ouvrières des grandes villes, de Paris surtout, reviennent aux idées d'ordre, elles comprennent la leçon de Février et paraissent résolues à en tirer parti. Tout le contraire se passe chez les populations mal aisées de la campagne. Le socialisme y a cherché des recrues, il les a trouvées nombreuses, et elles sont organisées, prêtes, disciplinées. Cette fois le suffrage universel doit amener la révolution légale du socialisme. Que fera-t-on, alors que rien encore n'a été fait, ni tenté, ni prévu ?

Il y a un homme tout prêt à la combattre, l'heureux élu porté à la présidence de la République par d'immenses acclamations. Il sait tout ce qu'il doit attendre et espérer, et il marche dans cette voie. Certes, s'il m'était possible de considérer comme une solution définitive pour le pays, la fin qu'il se propose et qui n'est cachée à personne, j'applaudirais de grand cœur à ses actes, au repos que nous lui devons, aux services qu'il nous a rendus. Sa conduite pleine d'habileté, de prudence, de ruse, a déconcerté et dérouté les clairvoyants qui croyaient avoir raison facilement de son inexpérience. De funestes tentatives échouées deux fois ne lui ont rien fait perdre de son ambition, seulement elle a changé de caractère et s'appuie aujourd'hui sur des bases mieux assurées. Sans grandeur dans les vues, il ne manque pas d'un certain instinct de l'utile et du praticable. Héritier d'un nom populaire, grandi par l'adversité et les mauvais jours, généreux par nature et par inspiration, il a su par sa patience énergique déblayer de son terrain le souvenir funeste de son passé pour n'en conserver que la partie chevaleresque, l'honneur du courage malheureux. Renfermé strictement dans la légalité de la Constitution, il est parvenu à lui faire jouer des ressorts inattendus et cachés, bien loin assurément des prévisions des malheureux auteurs de cette œuvre fameuse. Pouvaient-ils penser qu'elle devait avoir pour résultat l'amoindrissement sensible de la représentation, au profit du gouvernement personnel? L'accueil fait à tous les partis, leur concours sollicité avec adresse et ménagement, quelquefois même leurs espérances entretenues et flattées, une attitude énergique devant les tentatives de désordre et d'anarchie, une résistance honnête aux enivrements de la victoire, souvent une intelligence heureuse de la situation ont augmenté les sympathies, modifié les jugements, et donné je ne sais quelle force vivace et redoutable à une position qui avait besoin de ménagements excessifs pour le maintien du repos public. Devant l'Assemblée constituante si hostile après le vote du 10 décembre, le président n'a pas hésité. Le temps des majorités parlementaires décidant la vie ou la mort d'un ministère est passé, et le pays applaudit à ce singulier changement de nos mœurs constitutionnelles. Il y a, en vérité, grande raison de s'en réjouir puisque le bénéfice en revient au gouvernement personnel, et ce sera encore un des nombreux avantages de la révolution de Février.

Le prince Louis Napoléon Bonaparte au 29 janvier et au 13 juin a glorieusement racheté des égarements de jeunesse, qu'il a reconnus lui-même coupables, avec un bon goût que nous louons sans restriction aucune; il a fait plus : fidèle à la foi jurée, l'ivresse de la victoire ne l'a point fait dévier de son chemin. Il sait trop bien que le pays débarrassé d'une charte pesante, une fois le temps venu, voudra lui continuer le soin de ses destinées. La manière la plus habile d'arriver à la prorogation de ses pouvoirs est le respect de la Constitution et il l'a parfaitement compris, seulement il s'applique à en démontrer les dangers et les inconséquences. La sachant condamnée à périr il ne veut pas en être l'exécuteur. Comme elle lui permet, sous peine de responsabilité personnelle, d'avoir en dehors de la puissance parlementaire, sa force particulière et intrinsèque, il exploite à son profit cette alternative et il s'en trouve bien. L'un grandit, l'autre s'abaisse, ainsi le veut la logique de la Constitution. Or, une fois l'absorption faite, qu'en résultera-t-il? nécessairement, inévitablement on se sera lassé de ce qui est abaissé journellement et on se retournera du côté de la grandeur.

Chose étrange! les résultats prochains n'échappent à personne, et la grande majorité y applaudit. Il faut avouer du reste que le spectacle des luttes parlementaires contribue beaucoup à l'abaissement de la représentation. Des conflits perpétuels, une tribune où ne retentissent que des débats sans grandeur, dominés par la timidité ou l'audace coupable, étouffés par une guerre personnelle d'injures, l'asile de la liberté, du droit transformé en je ne sais quel forum où sans cesse la tempête gronde, dégoûtent tous les cœurs de cette participation aux affaires politiques. Cette lassitude est exploitée très-habilement, et l'on conserve sa popularité, en témoignant de ses bonnes intentions contrecarrées par l'opposition parlementaire. Un jour viendra, qui n'est pas loin peut-être, où l'affaissement sera tel que l'édifice croulera de lui-même, sans qu'aucune secousse lui ait été donnée. Fatiguée de ces bavardages d'avocats, de ces querelles d'écoliers, de ce gouvernement où s'usent sans compensation aucune, sans dignité, toutes les forces d'une société aux abois, la France ne demandera pas mieux que d'alléger le navire et de ne conserver qu'une unique direction. Ainsi nous sommes faits, passant de la liberté à la licence, de la licence au despotisme ; hier démolissant la Bastille, aujourd'hui prêts à crier vive l'Empereur ! — Fasse le ciel que mes pressentiments me trompent ! Fasse le ciel que nos avertissements soient des erreurs ! Mais comment ne pas voir quelles déceptions amères sont réservées aux nouveaux enthousiastes ? Comment ne pas voir ce qu'il y a d'espérances coupables si glorieuses qu'elles soient, dans le spectacle de nos inquiétudes, de nos hésitations, de nos changements? Nos amours sont courtes et malheureuses.

Breves et infausti populi amores.

J'ai beau admettre la réussite de ces espérances ; j'y vois une halte et un instant de répit, mais pas de repos. Tant il est vrai qu'une fois en dehors du principe qu'on a voulu rendre exclusif des autres, tandis qu'ils en découlent naturellement, on marche de difficulté en difficulté, d'abîme en abîme, de révolution en révolution.

C'est à nous maintenant à préparer par notre conduite le changement de l'opinion publique, à l'éclairer sur l'engouement de la passion, à lui montrer qu'elle s'égare encore. Avant deux ans on discutera cette fameuse révision de la Constitution ; si elle n'a pas lieu en faveur de la légitimité constitutionnelle et monarchique, de nouveaux malheurs nous attendent. On pourra bien encore parer aux nécessités du présent, mais l'avenir restera toujours sombre et chargé de nuages. Que les situations de chacun soient éclairées à ce point qu'elles rendent les erreurs impossibles. Tous les esprits sont accessibles à la vérité, elle est souvent moins séduisante que l'erreur, mais elle a toujours l'avantage et la supériorité. Ayons donc le ferme courage de regarder tous les périls en face, n'importe d'où ils viennent, de les combattre, et dans cette lutte de mettre de côté nos haines, nos préjugés, nos antipathies. Ses adversaires ne seront plus des ennemis, s'ils savent que vous êtes les gardiens vigilants de l'ordre, de la liberté, du progrès, de la propriété, de la famille et de la religion ; ils ont passé par la République, ils l'ont jugée ; ils ont peur, et avec raison, du triomphe prochain du socialisme ; ils comptent sur un homme pour les en délivrer ; pourquoi ne compteraient-ils pas sur nous ? Deux ans nous séparent des élections prochaines. Ce n'est pas trop pour arriver à ce but sacré et glorieux de la restauration du principe auquel en définitive le pays doit ses gloires, sa prospérité et son salut dans les mauvais jours. Il y a eu des fautes ; je ne les excuserai pas ; mais qui n'a pas eu les siennes ? Celles de la souveraineté populaire sont-elles moins nombreuses et moins funestes ? C'est aux chefs à servir de guides dans cette sainte mission ; c'est à eux que je m'adresse particulièrement. Ils ont comme tant d'autres partagé bien des erreurs, mais avant tout ils doivent demeurer attachés au pays qu'ils ont toujours, sous n'importe quel drapeau, fidèlement et loyalement servi. Qui donc songerait à se passer d'eux ? Leur influence sera doublée et décisive quand on connaîtra leurs intentions. Le moment est venu d'en finir avec l'esprit révolutionnaire, comme l'entendent le socialisme et l'anarchie, et de montrer comment la légitimité l'entend, loin de le condamner. Avant tout, la loyauté des actes, le respect et le soutien du pouvoir pour garantir le vôtre. Applaudissons sans réserve à tout ce qui sera tenté de grand, de noble, de généreux, de profitable.

Personne alors ne vous accusera de vouloir la guerre civile, personne ne craindra pour ses droits, personne ne vous accusera de méconnaître les instincts de notre nationalité. On ne demande pas mieux que de couper court à ces discussions stériles des personnes, à ces haines ridicules de castes toujours exploitées contre vous. Pas de promesses stériles, pas de flatteries à la multitude. L'adulation l'a perdue comme elle a perdu la monarchie, et elle a l'immense tort de s'avancer pour reculer ensuite.

Mettons-nous sérieusement à l'œuvre, nous y avons tous l'intérêt le plus majeur. N'oublions pas que ce combat n'a pas pour but de favoriser telle ou telle personne, d'amener le retour de tel ou tel prince, mais de sauver la société d'une ruine certaine, de préserver nos libertés les plus sages et les plus étendues, non pas pour un jour, pour quelques instants, mais pour l'avenir. Souvenons-nous qu'il y a eu du temps perdu, des fautes commises, mais ne désespérons pas. Élevons nos espérances par la grandeur de la fin proposée ; montrons-la évidente, palpable, de manière à donner du cœur, du courage, de l'énergie à tous ceux qui ne demandent pas mieux que d'en témoigner. La force appelle la force, surtout en présence du danger. Placée, comme elle l'est aujourd'hui, entre la nécessité de se rallier à un pouvoir ferme, donnant des gages de stabilité, et sa haine contre le régime actuel, la France n'hésitera pas. Elle est prête à se jeter dans les bras des conquérants et des victorieux, elle est prête au milieu des agitations de la rue, des tiraillements du gouvernement, à accepter tout ce qui la débarrassera d'un état de choses où elle compromet sans cesse son repos, sa fortune, son existence. Qui oserait répondre que sa patience ne se lassera pas, que les passions ne seront pas les plus fortes et que les am-

bitieux n'en profiteront pas ? C'est à la représentation natio-
nale à se tenir sur ses gardes ; elle a juré le maintien de la
Constitution ; elle doit veiller à ce qu'aucune atteinte ne lui
soit portée.

Préparons le changement des esprits pour arriver aux
changements des faits. Les événements les ont singulièrement
mûris, et disposés en faveur du retour aux principes d'ordre,
de véritable liberté, de progrès matériel et moral contenus dans
la légitimité. A nos yeux elle n'a pas une autre signification.
Profitons de cette bonne fortune due aux catastrophes de la
chose publique. Une fois les préjugés vaincus écartés, une fois
le but évident pour tous, signalé par les chefs qui s'en décla-
reront les représentants et les défenseurs, nous n'aurons plus
à combattre que les fauteurs du désordre et de l'anarchie.
Contre ceux-là nous serons toujours les plus forts si nous
savons être les plus courageux.

Puisque j'ai signalé les fautes des autres, je terminerai par
une confession personnelle. On a accusé les absents des élections d'être des indifférents, des poltrons ou de mauvais citoyens. Sans mériter, je crois, aucun de ces reproches, je n'ai
jamais pris part à un vote électoral. S'il en eût été autrement,
j'aurais voté pour tous les héros de la veille et je les aurais
immolés plus tard ; au moment de la Constituante je me serais
jeté tête perdue dans je ne sais quelle confusion incroyable de
personnes et je n'ai pas de sympathie pour ce que je ne com-
prends pas. Au moment de l'Assemblée législative je serais
retombé dans les mêmes errements pour produire les mêmes
résultats. J'aime en général à savoir ce que je fais, où je vais
quand je marche, et j'avoue que je préfère rester chez moi,
plutôt que d'avoir pour compagnes de ma route la folie ou la
peur. Je n'insulte pas les vaincus après les avoir encensés, je
n'abandonne pas ce que j'ai aimé parce que les moments sont
difficiles, et je ne désespérerais pas du salut commun même

quand le socialisme aurait, lui aussi, son triomphe de la rue ou du suffrage universel. Un drapeau qu'on met dans sa poche n'est pas un drapeau ; une partie qu'on ne joue pas ne se gagne jamais. Serai-je plus heureux aux prochaines élections? je l'ignore. Mais j'ai la plus vive impatience de ne plus figurer parmi les indifférents, les poltrons ou les mauvais citoyens.

9 782011 759580